Du bist nicht allein!

CupOfTherapy™

Du bist nicht allein!

100 kurze Therapien gegen die Einsamkeit

von Antti Ervasti und Matti Pikkujämsä

Aus dem Englischen von Benjamin Schilling

Kunstmann

Vorwort

Das Buch, das Sie in Ihren Händen halten, behandelt ein aktuelles und wichtiges Thema, das viele von uns in unterschiedlichen Lebensphasen und -momenten betrifft. Rund ein Drittel der Bevölkerung empfindet hin und wieder Einsamkeit, für jeden Zehnten ist sie Teil des täglichen Lebens. Während der Covid-19-Pandemie im Jahr 2020 berichtete sogar etwa ein Viertel der Erwachsenen in Europa davon, dass sie sich einsam fühlen.

Zunächst einmal kann uns das Gefühl von Einsamkeit darüber Auskunft geben, wie jemand sein soziales Leben und seine Beziehungen zu anderen Menschen wahrnimmt. Doch obwohl die meisten von uns Einsamkeit auf recht ähnliche Weise erleben – als eine unangenehme und schmerzliche Erfahrung –, bedeutet sie für jeden etwas anderes; ihre Ursachen und Folgen sind individuell und vielgestaltig. Einsamkeit und das Alleinsein können auch als etwas Positives und Gewolltes empfunden werden. Entscheidend ist dabei letztlich, mit welchen Erwartungen und Wünschen die oder der Einzelne an Beziehungen und unterschiedliche soziale Situationen herangeht.

Das Gefühl von Einsamkeit taucht oft im Zusammenhang mit Vergleichen auf: Wir vergleichen das, was wir gerade erleben, mit vergangenen Lebenserfahrungen und unseren Erwartungen an die Zukunft einerseits und mit dem Leben anderer Menschen und deren sozialen Beziehungen andererseits. Einsamkeit kann etwas Temporäres sein, ein vorübergehendes Gefühl, das bei einer weitreichenden Veränderung oder in einer neuen Lebensphase entsteht, aber auch eine mehr oder minder lebenslange, die eigene Identität prägende Erfahrung. Einsamkeit begegnet uns häufig in sehr konkreten Situationen und an ganz bestimmten Orten, sowohl innerhalb als auch außerhalb der eigenen vier Wände.

Die Illustrationen und Texte in diesem Buch führen uns die alltäglichen Situationen vor Augen, in wir es mit Einsamkeit und Alleinsein zu tun bekommen, und sie fächern auf wunderschöne Weise ihr gesamtes Bedeutungsspektrum auf. Gleichzeitig geben sie uns Werkzeuge an die Hand, mit denen wir Einsamkeit erkennen und unsere Erfahrung in jenen sehr unterschiedlichen Phasen und Situationen, in denen sie uns besonders betrifft, in Worte fassen können. Auch das Nachfragen und das Sprechen über Einsamkeit sind ganz wesentliche Schritte, um gegen sie anzugehen. Dieses Buch wird es, so hoffe ich, sowohl denen, die Einsamkeit erleben, als auch jenen, deren Arbeit mit Einsamkeit zu tun hat, leichter machen, mit ihr umzugehen. Und im besten Fall weisen uns die Bilder einen Weg, Einsamkeit und Alleinsein auch genießen zu können.

Elisa Tiilikainen
Außerordentliche Professorin für Sozialwissenschaften,
Fachgebiet Einsamkeitsforschung
Vorsitzende der Finnischen Gesellschaft für Altersforschung

Für Eltern
1–18

Für junge Menschen
19–34

Für Erwachsene
35–88

Für Menschen im fortgeschrittenen Alter
89–100

Kurze Therapien für Eltern

Du bist nicht allein!
1

Jedes Kind hat ein Recht auf eine lange und verspielte Kindheit. Die Kunst des Alleinseins ist etwas, das wir schon in jungen Jahren lernen. Es ist eine gute Idee, Kinder zu animieren, allein zu spielen und so ihre eigene Innenwelt und die Kraft der Fantasie kennenzulernen – eine lebenslange Ressource, die es sich zu nähren lohnt.

Zu viel Anleitung und Schutz in jeder Situation können Kinder daran hindern zu lernen, mit sich allein zu sein. Die innere Welt muss Raum haben, um zu wachsen und sich zu entwickeln, damit sich Kinder ein Leben lang an ihrer Einzigartigkeit erfreuen können.

Du bist nicht allein!
2

Für manche Kinder gehören Erniedrigung, Isolation und Minderwertigkeitsgefühle zum Alltag. Für sie sind alltägliche Situationen ein Albtraum. Mit der Zeit wird die Welt immer bedrohlicher und das Zuhause zum Zufluchtsort, dem Schneckenhaus, aus dem heraus sie die bedrohliche Außenwelt ängstlich betrachten.

Dann scheint es leichter, in der eigenen kleinen Blase zu bleiben und nur den eigenen Lieblingsbeschäftigungen nachzugehen. Ein solches Kind muss jedoch sanft dazu ermutigt werden, auch außerhalb von zu Hause und mit Freunden Zeit zu verbringen. Respektiere die Interessen des Kindes und höre dir seine Wünsche an. Frage nach, was ihm Angst macht und es von anderen isoliert.

Du bist nicht allein!
3

Wenn ein Elternteil krank ist oder gesundheitliche Probleme hat, wirkt sich das auf die ganze Familie aus. Die Situation kann Kinder dazu zwingen, eine größere Rolle in der Familie einzunehmen als die, für die sie ihrem Alter oder Erfahrungsstand entsprechend bereit sind. Kinder sind sensibel für die Gefühlszustände in ihrer Umgebung, sie spüren, wenn etwas nicht in Ordnung ist.

Wenn Vater oder Mutter krank werden, lädt sich das Kind oft eine viel zu große Last auf. So kann es passieren, dass es die Rolle eines Erwachsenen einnimmt und eine Verantwortung übernimmt, die für ein Kind nicht angemessen ist. Wenn dieser Zustand lange anhält, hat das Kind keinen Raum mehr, um Kind zu sein. Die Bedürfnisse der gesamten Familie eines chronisch kranken Menschen sollten berücksichtigt werden und ihre Wünsche Gehör finden.

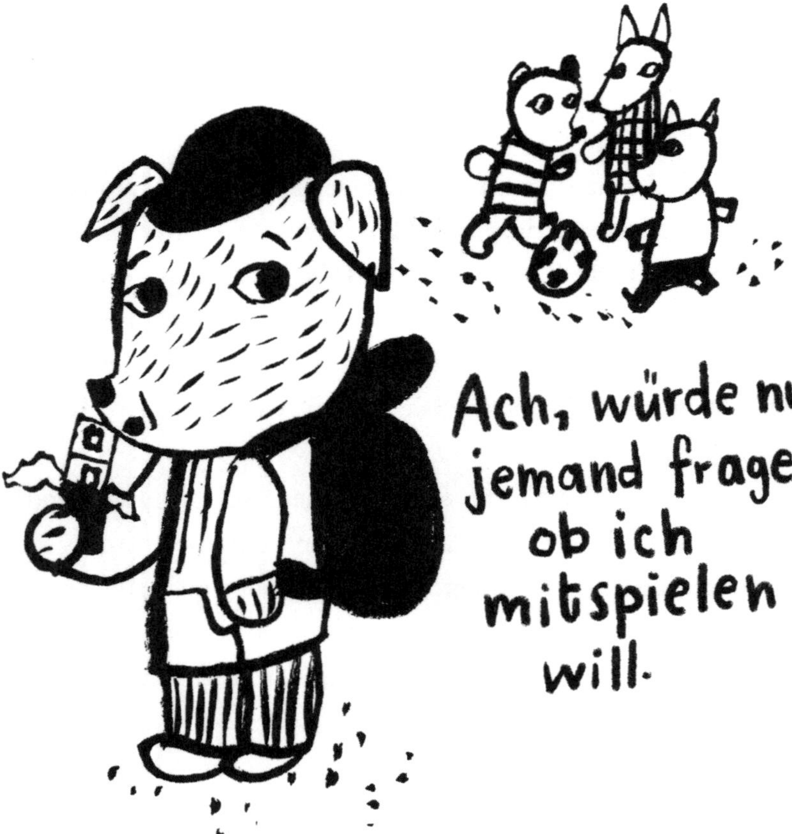

Ach, würde nur jemand fragen, ob ich mitspielen will.

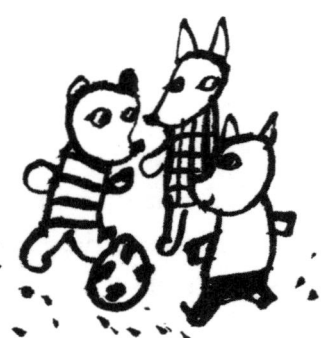

Du bist nicht allein!
4

Einsame Menschen wandeln im Verborgenen. Im Abseits, fernab der anderen. Das bringt oft gemischte Gefühle mit sich: Manchmal scheint es sicherer, für sich zu bleiben, manchmal fühlt man sich mutig und hat den Wunsch, den Mund aufzumachen. Wenn positive, ermutigende Erfahrungen selten sind, kann aus Schüchternheit Passivität werden, und es bleibt nicht einmal Energie für den Versuch übrig, mit anderen in Kontakt zu treten. Wenn es zu keinerlei Begegnungen mehr kommt, kann die Hoffnung von Tag zu Tag schwinden. Versuche, die Isolation zu durchbrechen, und lade den einsamen Menschen ein, sich dir anzuschließen.

Du bist nicht allein!
5

Wer ohnehin einsam und zurückgezogen ist, ist leider auch anfällig für böswillige Formen der Aufmerksamkeit. Fiese Mobber nutzen das Bedürfnis einsamer Menschen aus, irgendwo dazuzugehören und Freunde zu finden. Ein einsames, an sich selbst zweifelndes Kind denkt möglicherweise, dass jegliche Form von Aufmerksamkeit besser sei als allein zu sein. Dieses Kind wird nicht unterscheiden können, ob die Gesellschaft von jemandem destruktiv ist. Um in derartigen Situationen entschlossen einzugreifen, müssen Angehörige wissen, wie solche Wechselbeziehungen funktionieren. Wer schikaniert wurde, braucht jede Menge Unterstützung, um sein Selbstvertrauen zu stärken; es muss erfahren, dass die Situation nicht seine Schuld ist, sondern die des Fieslings. Schikaneuren müssen Grenzen gesetzt werden. Man muss ihnen die Folgen ihres Handelns klarmachen und die Chance geben, ihr Verhalten zu ändern.

Du bist nicht allein!
6

Gesehen und wahrgenommen zu werden, ist ein grundlegendes menschliches Bedürfnis. Wenn es dazu nicht kommt, fühlen wir uns ausgegrenzt. Das Bedürfnis, sich mit anderen zu verbinden, gehört zur menschlichen Natur; Einsamkeit führt oft dazu, dass sich Menschen ohne die Sicherheit einer Gemeinschaft schutzlos fühlen. Die Erfahrung der Unsichtbarkeit kann in ein Gefühl der Wertlosigkeit umschlagen. Gesehen zu werden, fördert das Selbstwertgefühl, schließlich wachsen und entwickeln wir uns alle unter dem Blick unserer Mitmenschen. Unternimm frühzeitig etwas gegen die Unsichtbarkeit eines Kindes, um einen lebenslangen Weg der Isolation und Einsamkeit zu vermeiden.

Du bist nicht allein!
7

Jungs werden oft in die Richtung einer aktiven Spielkultur gelenkt. Dabei geht unter, dass viele von ihnen neben allen möglichen Aktivitäten auch gern einfach mal reden und anderen ihre Gedanken und Gefühle mitteilen würden.

Reden stattet alle Geschlechter fürs Leben aus, stärkt die emotionale Intelligenz und die Fähigkeit, die eigenen Gefühle zu erkennen. Es ist wichtig, Vielfalt anzuerkennen und allen Kindern die Gelegenheit zu geben, als sie selbst wahrgenommen zu werden – egal, ob im Spiel oder im Gespräch.

Du bist nicht allein!
8

Einsamkeit kann auch ganz zufällig entstehen. Man findet sich plötzlich außerhalb von gewissen Freundeskreisen und Cliquen wieder und gehört nirgends richtig dazu. Der Wohnort, die finanzielle Situation der Familie oder eine Krankheit sind mögliche Gründe, die einen von anderen isolieren und ein Gefühl des Ausgeschlossenseins erzeugen können.

Aber selbst wenn die Gründe nicht dramatisch sind, fühlt es sich schrecklich und ungerecht an, außen vor gelassen zu werden. Stelle sicher, dass dein Kind die Gelegenheit hat, seinen Hobbys nachzugehen und Zeit mit seinen Freunden zu verbringen. Es ist auch wichtig, mit Enttäuschungen umgehen zu lernen, denn das gibt einem Zuversicht, dass sich immer wieder neue Chancen auftun werden.

Euer Gelächter drängt mich in die Einsamkeit.

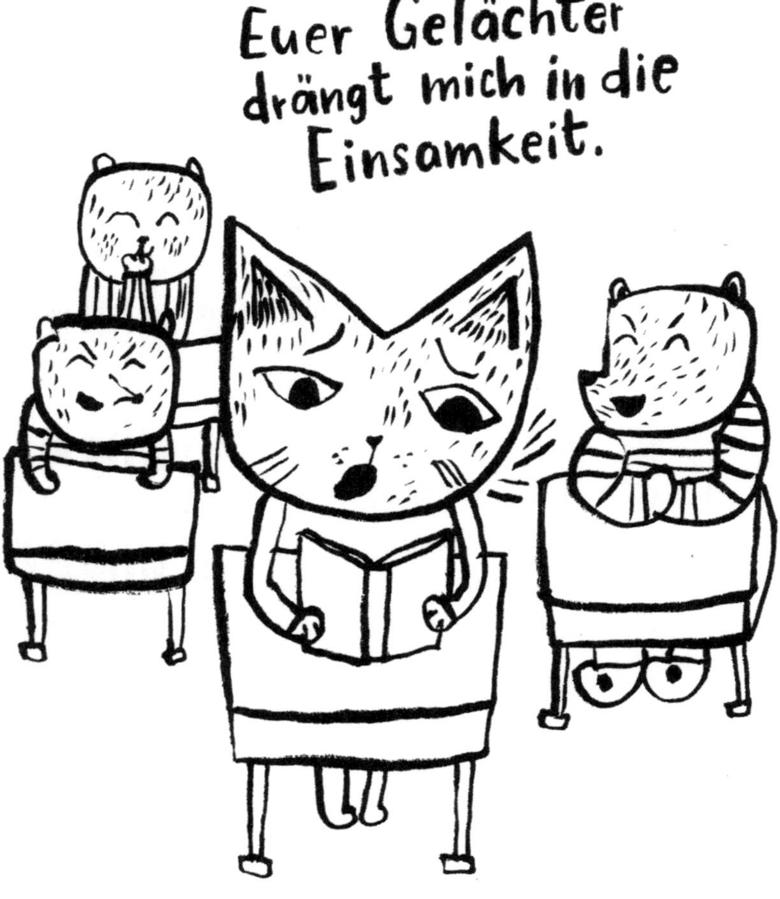

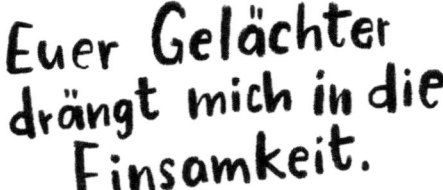

Du bist nicht allein!
9

Wenn jemand anders ist, ist das noch lange kein Grund, ihn zur Zielscheibe zu machen. Es ist unangemessen, jemanden wegen einer Sprachstörung oder irgendwelchen anderen Dingen, die er oder sie nicht kontrollieren kann, mit negativer Aufmerksamkeit zu belegen: Für Spott sollte es null Toleranz geben. Ein Kind, das permanent erniedrigt und nicht so akzeptiert wird, wie es ist, beginnt, sein Inneres zu schützen.

Es schämt sich und versucht, sich zu verstecken, um weitere Enttäuschungen zu vermeiden. Allmählich wird das Kind jeder Form von Interaktion aus dem Weg gehen und sich von anderen isolieren. Es liegt in der Verantwortung der Erwachsenen, Kinder daran zu erinnern, niemanden auszulachen.

Du bist nicht allein!
10

Wie leicht wird ein Schüler, der sich „unangemessen" verhält, ignoriert und zum Schweigen gebracht, ohne dass sich jemand eingehender mit ihm befasst? Unruhestiftung kann unzählige Gründe haben, die mit familiären Umständen oder persönlichen Schwierigkeiten zusammenhängen können. Das unruhige Verhalten eines Kindes ist nur die Spitze des Eisbergs und sein Bedürfnis nach Aufmerksamkeit ein unbeholfener Hilferuf.

Es ist wichtig zu erkennen, dass sich hinter diesem Verhalten ein Kind verbirgt, das sich hilflos und einsam fühlt. Solche Kinder brauchen einen vertrauten Erwachsenen, mit dem sie ihre Gefühlswelt ergründen können.

Ich wünschte, ich wäre unsichtbar.

Du bist nicht allein!
11

Wenn man einsam ist, kann einem selbst eine kurze Schulpause furchtbar lang vorkommen. Im lehrergeführten Unterricht ist man relativ sicher, doch die Pausen können zu einer quälenden Zeit des Mobbings und der Isolation werden. Ein einsames Kind geht den anderen aus dem Weg und fürchtet sich davor, bemerkt zu werden, weil Aufmerksamkeit aus seiner Sicht oft negativ ist.

Es ist die Aufgabe der Schulgemeinschaft, die Unsichtbaren zu sehen, wenn auch diskret und mit Rücksicht auf die Persönlichkeit des Einzelnen. Wenn du merkst, dass jemand oft allein ist, frag nach, ob du dich zu ihm oder ihr gesellen darfst. Ermuntere das Kind dazu, zu Hause oder in der Schule das Gespräch mit einem vertrauten Erwachsenen zu suchen.

Du bist nicht allein!
12

Einsamkeit kann leicht in einen Teufelskreis münden. Es fängt damit an, dass das Kind sich selbst die Schuld gibt und sich fragt: „Warum findet mich niemand gut? Was stimmt mit mir nicht?" Nach und nach beginnt es zu glauben, dass es die Einsamkeit verdient hat. In dunklen Momenten kann man sich selbst für seine Einsamkeit verantwortlich machen, seine imaginären schlechten Eigenschaften übertreiben und nach Erklärungen für die negative Aufmerksamkeit suchen, die einem zuteil wird.

Eine unterstützende Umgebung fungiert da als Gegengewicht. Beziehungen sind für uns wie Spiegel: Wir brauchen den wohlwollenden und ermutigenden Blick des anderen, um uns selbst wirklich lieben zu können.

Du bist nicht allein!
13

Ein offener Umgang mit Gefühlen und eine tolerante Atmosphäre des Zuhörens sind unschätzbare Voraussetzungen fürs Leben. Wenn das Vertrauen, über alles reden zu können, in der Kindheit aufgebaut wird, ist es später kein Problem, selbst über schwierige Dinge zu sprechen.

Diese Gewissheit schützt Menschen ein Leben lang vor Einsamkeit. Die frühzeitige Erfahrung, jemanden um sich zu haben, mit dem man reden kann, legt den Grundstein für neue, vertrauensvolle Beziehungen.

Gleich hinter der nächsten Ecke lauert etwas Gutes.

Du bist nicht allein!
14

Die Liebe eines Elternteils und die Sorge um das Wohlergehen des Kindes kann bisweilen in übertriebene Fürsorglichkeit umschlagen. Wer sein Kind allzu sehr beschützt, meint es zwar gut, erweist ihm aber einen schlechten Dienst. Wenn du deinem Kind vermittelst, dass die Welt voller Gefahren ist, schürst du unnötige Sorgen und Misstrauen. Statt die Welt als einen Ort voller Möglichkeiten zu betrachten, wird das Kind in allen Dingen nur eine Bedrohung sehen. Wir geben unsere eigene Weltsicht an unsere Kinder weiter.

Deshalb ist es gut, Menschen, die uns nahestehen, von Zeit zu Zeit an unseren Gedanken und Gefühlen teilhaben zu lassen und diese zu überprüfen.

Du bist nicht allein!
15

Ist dein Kind in eine peinliche Situation geraten? Du hast die Wahl, ob du nun Scham aufbauen oder diese lindern willst. Wenn du schweigst, überlässt du dem Kind die Verantwortung, diese Dinge allein zu bewältigen – nur mit dem Verstand und der Lebenserfahrung eines Kindes ausgestattet.

Scham verursacht Schweigen und Rückzug. Wer Schelte bekommt, wird künftig Angst davor haben, über Fehler zu sprechen, selbst bei größeren Problemen. Durch eine offene Diskussion fühlt sich das Kind gehört und unterstützt, Verantwortung für die eigenen Fehler zu übernehmen.

Mach den Schüchternen Mut.

Du bist nicht allein!
16

Schüchternheit ist nichts, wofür man sich schämen muss. Es gibt viele verschiedene Stufen der Schüchternheit. Wenn dein Kind sehr zurückgezogen ist, frage nach, wie es sich fühlt: Hör ihm zu, ermutige es mit Mitgefühl und hilf ihm, seine sozialen Stärken zu entdecken. Wir haben alle ganz unterschiedliche Persönlichkeiten, und einige sind extrovertierter als andere.

Wie ein Kind sich in sozialen Situationen verhält, sollte respektiert werden – unabhängig davon, ob es von Natur aus eher schüchterner oder mutig ist. Die Eltern und andere erwachsene Vertrauenspersonen spielen für die Entwicklung des Selbstvertrauens und des Selbstbildes eines Kindes eine entscheidende Rolle.

Du bist nicht allein!
17

Die Fähigkeit, allein zu sein, ist etwas, das wir in jeder Lebensphase brauchen. Das tägliche Leben ist angenehmer, wenn das Alleinsein nicht als Belastung empfunden wird. Auch in Beziehungen ist es wichtig, auf eigenen Füßen stehen und mit sich selbst Zeit verbringen zu können.

Der Geist ist ruhiger, wenn man sich in seiner eigenen Gesellschaft wohlfühlt und mit seinem Inneren in Verbindung treten kann. Es steigert das Selbstwertgefühl, die eigenen Interessen zu entdecken und die eigenen Talente zu entwickeln, und es ist großartig, anderen seine Fähigkeiten zeigen zu können.

Eine neue Freundschaft lässt dir Flügel wachsen.

Du bist nicht allein!
18

Freunde bringen unsere verspielte und spontane Seite zum Vorschein. Wir alle haben das Bedürfnis zu spielen, und die Gesellschaft einer guten Freundin oder eines Freundes ermutigt uns dazu, uns selbst und unsere Beziehung zu anderen Menschen zu schätzen. Eine Freundschaft gibt uns die Möglichkeit, unsere eigenen Flugversuche fernab von zu Hause zu starten. Sie ist eine Übung in Selbstakzeptanz und fördert das Nachdenken darüber, wie wir der Welt als wir selbst begegnen können.

Dabei ist die Anzahl der Freunde überhaupt nicht wichtig: Schon ein einziger Gleichgesinnter genügt. Mit einem guten Freund vergeht die Zeit wie im Flug, und gemeinsam erreicht man geistige Ebenen, die allein nicht zugänglich sind. Diese Erfahrungen sind wichtige Bausteine unseres Selbst.

Kurze Therapien für junge Menschen

Du bist nicht allein!
19

Die Vorstellung von der eigenen Einsamkeit ist manchmal übertrieben. Wenn es einem an Selbstvertrauen mangelt, kann man sich leicht einbilden, dass es nur einem selbst so geht und man weniger wert ist als andere. Unsere Vorstellungen vom wunderbaren sozialen Leben der anderen basieren nicht unbedingt auf der Realität.

Ruf dir ins Gedächtnis, dass es viele einsame Menschen und viele Arten von Einsamkeit gibt, auch wenn die Weltwahrnehmung jedes einzelnen absolut real ist. Du bist damit nicht allein.

Du bist nicht allein!
20

Wir alle fühlen uns in sozialen Situationen ab und zu unsicher. Neue Leute zu treffen, ist aufregend, und sich zu anderen an den Tisch zu setzen, macht manchmal Angst. Vergiss nicht, dass auch kleine Gesten – ein Lächeln, ein freundlicher Blick – anderen als Zeichen dienen können, dass sie in dieser Gruppe sie selbst sein dürfen.

Ergreife die Initiative: Lade jemanden, der allein zu Mittag isst, ein, sich zu dir zu setzen. Nimm den einsamen Menschen wahr und betrachte ihn als gleichwertig und interessant. Wer weiß, vielleicht wird aus einem kleinen Händedruck ja sogar eine lebenslange Freundschaft.

Du bist nicht allein!
21

Bist du aggressiv geworden? Hast du dich in einer Beziehung vielleicht aufbrausend verhalten und schämst dich jetzt dafür? Bevor man sich selbst mit völligem Rückzug bestraft, sollte man in den Spiegel schauen und mit ehrlichem Interesse und Selbstmitgefühl über das eigene Verhalten nachdenken.

Sich in sein Schneckenhaus zu verkriechen, ist eine Strategie wie jede andere, aber ist es auch die beste und effektivste von allen? Verstärkt sie nicht die Erfahrung von Einsamkeit? Auch wenn du Angst davor hast, auf jemanden zuzugehen und wieder in Kontakt zu treten, betrachte es als Herausforderung und als Gelegenheit für heilsame Erfahrungen.

Du bist nicht allein!
22

Wenn du noch nie jemandem die Hand gehalten oder jemanden getröstet hast, wirst du dich in solchen Situationen womöglich unbeholfen fühlen. Wenn es an Wissen und Erfahrung mangelt, wie man mit anderen umgeht, können einem solche Situationen schwierig erscheinen. Wo ist die Anleitung, die einem Schritt für Schritt sagt, was zu tun ist?

Die Wahrheit lautet: Jeder schreibt seine eigene Anleitung – durch eigene Erfahrung. Gestehe dir selbst zu, ein Anfänger zu sein, ohne dich dafür zu schämen. Mit den Gelegenheiten, Verständnis und Zeit werden sich gute Erfahrungen ganz sicher einstellen.

Du bist nicht allein!
23

Einsame Menschen benutzen ihre Lebensumstände manchmal als Schutzraum. Wenn man sich erst einmal ein Loch gegraben hat, kann es aber auch sein, dass man es irgendwann wieder verlassen will. Sich zu verstecken, zugleich aber gefunden werden zu wollen, mag wie ein Widerspruch wirken.

Es ist wichtig, dass jede und jeder von uns auch noch so leise Signale wahrnimmt und mutig auf Einsame zugeht. Introvertierte Menschen streben nicht nach Aufmerksamkeit, aber wir alle wollen beachtet werden.

Du bist nicht allein!
24

Soziale Gewohnheiten wie gemeinsame Mahlzeiten, die das Zusammengehörigkeitsgefühl stärken, haben in unserer Gesellschaft eindeutig abgenommen. Es ist eine gute Idee, sich mindestens einmal am Tag um den Tisch zu versammeln und Neuigkeiten auszutauschen. Auf diese Weise bleiben wir miteinander im Kontakt; zugleich gibt es jungen Menschen ein Vorbild, wie alltägliche Fürsorge für andere Menschen aussehen kann. Diskussionen und die allgemeine Kommunikation werden sonst oft unterbrochen, während solche wiederkehrenden Alltagssituationen das Gespräch erleichtern. Zusammen zu essen, hat eine tiefere Bedeutung: Es zeigt, dass wir aufrichtig aneinander interessiert sind. Diese Erfahrung trägt uns durchs Leben.

Du bist nicht allein!
25

Manchmal ist es wichtig, seine Werte zu schützen, auch wenn man dafür womöglich einen einsamen Weg wählen muss. Seinen eigenen Lebensweg zu gehen, ist in keinem Alter leicht. Besonders in der Jugend, in der man allerhand sozialem Druck ausgesetzt ist, kann man sich, wenn man sich zu sehr anpasst, schnell einen Fehltritt leisten.

Hör auf dein Gewissen. Wenn du aus Gruppenzwang handelst und Dinge tust, die sich nicht richtig anfühlen, dann tust du dir selbst damit Unrecht. Halte an deinen eigenen Werten fest und vertraue dir selbst.

Du bist nicht allein!
26

Wenn du allein bist, nimmst du die Welt bewusster wahr. Wenn du für einen Augenblick innehältst, kannst du die Welt in all ihren feinen Details sehen. Allein zu sein, lässt die Innenwelt wachsen und fördert Kreativität und Sensibilität. Viele wichtige Entdeckungen sind das Ergebnis innerer Erfahrungen. Wer mehr Zeit mit sich selbst verbringt, denkt eingehender über Dinge nach, ist empfänglicher und kann Zusammenhänge deutlicher erkennen. Das führt dich zu wertvollen Einsichten, die du mit anderen teilen kannst.

Du bist nicht allein!
27

Allein zu verreisen, ist eine ausgezeichnete Möglichkeit, um dich selbst kennenzulernen. Du brichst zu einem Trip auf, um über Dinge nachzudenken, eine Richtung fürs Leben zu finden, oder einfach nur, um neue Erfahrungen zu machen. Eine gut vorbereitete Reise gibt dir die Sicherheit, auf dich selbst zu hören und dich auf ein Abenteuer einzulassen. Solche Abenteuer lehren dich, alleine zurechtzukommen, dir eigene Fehler zu verzeihen und deine eigenen Grenzen und Stärken auszuloten.

Du kannst auch in deinem Inneren auf Abenteuerreise gehen und neue Seiten von dir entdecken.

Du bist nicht allein!
28

Wir können uns die Gemeinschaft, zu der wir gehören, nicht immer aussuchen. Je älter und bewusster wir werden, desto kritischer betrachten wir unser Umfeld und fragen uns, ob wir dorthin gehören.

Wenn deine Grundwerte mit denen deiner engsten Freunde aufeinanderprallen, fühlst du dich vielleicht sehr einsam. So eine Krise bietet manchmal aber auch eine Chance für Veränderungen. Manchmal besteht die einzige Möglichkeit, um sein inneres Gleichgewicht zu finden, darin, sein soziales Umfeld zu verändern.

Du bist nicht allein!
29

Ein negatives Selbstbild kann einen isolieren. Wenn du das Gefühl hast, anders und nicht richtig zu sein, dann reicht dein Mut nicht einmal für den Versuch, mit anderen in Kontakt zu treten. Deine innere Stimme redet dich klein und hindert dich daran, sichtbar zu werden. Ein stagnierender Geist sucht sich und wiederholt Gedanken, die das Gefühl des Ausgeschlossenseins verstärken.

Wir können in der Rolle des Einzelgängers gefangen sein, was unsere Wahrnehmung der Möglichkeiten, über die wir verfügen, einschränkt. Wenn dir bewusst wird, dass du abfällig über dich selbst denkst, hast du schon einen ersten wichtigen Schritt in Richtung Selbstakzeptanz und Kontakt mit anderen getan.

Du bist nicht allein!
30

Die Jugend ist eine Zeit, in der man nach seinem Platz in der Welt sucht. Manche starten schon früh eine Karriere oder gründen eine Familie, während sich andere ausgeschlossen und minderwertig fühlen, weil sie nicht solche Fortschritte machen. Der Trugschluss, dass alle längst ihren Platz gefunden haben, lässt das einsame Gefühl aufkommen, ein Außenseiter zu sein.

Versuche, dich nicht mit anderen zu vergleichen, auch wenn deine Freunde ihren eigenen Weg bereits gefunden haben. Höre auf dich selbst und gib dir Zeit, den Weg einzuschlagen, der sich für dich richtig anfühlt.

Ob mich dann wohl jemand sieht?

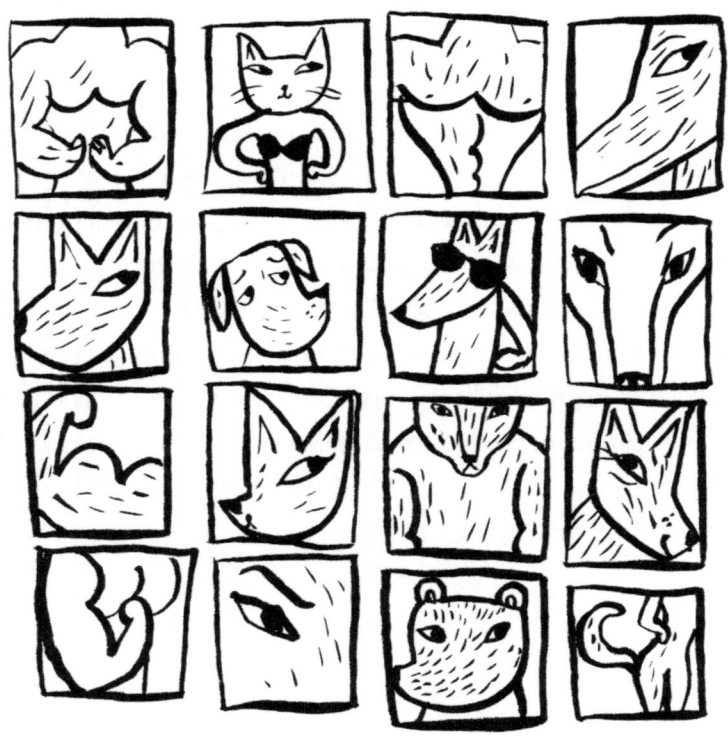

Du bist nicht allein!
31

Onlinedating kann gegen Einsamkeit helfen, aber auch dazu führen, dass du dich noch schlechter fühlst. Es ist eine Welt, die sich auf den äußeren Schein konzentriert, rasche Entscheidungen verlangt und sich nicht auf die echte Welt übertragen lässt. Manche Leute kommen gut in dieser Wirklichkeit zurecht, haben wunderbare Begegnungen und finden wichtige Beziehungen, während andere nicht den Mut aufbringen, sich darauf einzulassen, selbst wenn sie gern jemanden kennenlernen würden.

Beim Onlinedating ist es fast unmöglich, sich nicht mit anderen zu vergleichen. Daher ist es wichtig, Augenmaß zu bewahren und daran zu denken, dass diese Welt voll glamouröser – und entmutigender – Profile nur ein kleiner Ausschnitt der Realität ist. Eine App ist ein Werkzeug, das du benutzen kannst; lass dich nicht von ihr benutzen.

Du bist nicht allein!
32

Wenn man jung ist, sind viele Erfahrungen vollkommen neu. Man hat noch nicht viel Erfahrung mit Liebesbeziehungen und Freundschaften, was leicht zu vorschnellen und dramatischen Schlüssen über den eigenen Wert und die eigene Tauglichkeit führt. Manche jungen Leute denken, dass sie wegen ihrer unveränderbaren persönlichen Eigenschaften einsam sind. Dabei haben sie noch nicht erkannt, dass jeder Mensch ein Leben lang lernt, wächst und sich verändert. In jedem von uns steckt etwas ganz Einzigartiges, das zur rechten Zeit mit den richtigen Menschen zum Vorschein kommt.

Du bist nicht allein!
33

In der Jugend erleben wir viele Dinge zum ersten Mal, das gilt auch für Partnerschaften. Wer davon ausgeht, dass eine Liebesbeziehung all seine Bedürfnisse erfüllt, wird enttäuscht werden. Deine Freundschaften und Hobbys zu vernachlässigen, macht dein soziales und emotionales Leben ärmer. Es macht dich einsam. Eine Liebesbeziehung ist kein Ersatz für Freunde. Im Anfangsstadium einer Beziehung ist es gut, über Erwartungen zu sprechen und dafür zu sorgen, dass du Dinge, die dir wichtig sind, nicht aus den Augen verlierst. Gespräche und Lebenserfahrung werden dir helfen, die richtige Balance zu finden.

Du bist nicht allein!
34

Es gibt immer eine Chance auf Erneuerung. Wir sind nicht Abbilder unserer Vergangenheit, sondern haben die Fähigkeit, Dinge zu tun, die uns einer authentischen und glücklichen Zukunft näherbringen.

Nimm die Vergangenheit an, aber versuche, nicht in ihr stecken zu bleiben. Auch wenn du immer schon still und einsam gewesen bist, kannst du dich mithilfe des Zuspruchs und der Unterstützung deiner Umgebung selbst neu erfinden und das Selbstvertrauen erlangen, dir selbst mehr Gehör zu verschaffen.

Kurze Therapien für Erwachsene

Du bist nicht allein!
35

Eine frühere Erfahrung von Einsamkeit kann dich lange Zeit begleiten. Auch in späteren Lebensphasen kann das Gefühl des Alleinseins wieder aufkommen und Unsicherheit und Nervosität auslösen. Es ist durchaus möglich, sich mit der eigenen Vergangenheit auseinanderzusetzen und sie zu akzeptieren. Wenn du mit einem engen Freund oder mit dir selbst in einer von Selbstmitgefühl geprägten Weise darüber sprichst, wird sie allmählich immer weniger auf dir lasten. Durch Hoffnung, Willenskraft und Unterstützung wird es dir gelingen, vorwärtszukommen. Jedes Mal, wenn du dich traust, etwas zu tun, obwohl es dich nervös machst, sorgt für eine positive und heilsame Erfahrung, die dich stärker macht.

Du bist nicht allein!
36

Wer einsam ist, kann sich eine andere Realität nur schwer vorstellen. Wenn man sich über einen langen Zeitraum hinweg als Außenseiter fühlt, wird die Einsamkeit manchmal zu einem Teil der eigenen Identität. Jemand, der in der Kindheit Einsamkeit erfahren hat, kann als erwachsene Person überrascht feststellen, dass er oder sie nun all die Dinge hat, von denen er oder sie früher geträumt hat. Oft ist für diese Erkenntnis eine bewusste Neubewertung der eigenen Identität nötig. Mithilfe deiner eigenen Vorstellungskraft kannst du in der Zeit zurückzureisen und zu deinem jüngeren Selbst sagen: „Gib die Hoffnung nicht auf. Die Dinge werden sich ändern, wenn du an dich glaubst."

Du bist nicht allein!
37

Das Gefühl des Alleinseins kann zu einem Teil der eigenen Identität werden. Man nimmt sich dann immer mehr als jemand wahr, der einsam ist und nicht zu den anderen dazugehört. Wenn man sich wie jemand fühlt, der in seinem eigenen Leben und seiner Gemeinschaft nicht voll funktionsfähig ist, kann das niederschmetternd sein.

Spürst du, wie du dich zurückziehst, oder macht sich schon beim Gedanken an soziale Interaktion Erschöpfung breit? Hör auf, im Stillen darüber zu brüten, und wende dich an mindestens eine Person in deinem engsten Umfeld. Wenn du niemanden zum Reden hast, gib dir einen Ruck und hol dir professionelle Hilfe. Es gibt keinen Grund, sich zu schämen, und du bist definitiv nicht der einzige Mensch, der sich einsam fühlt.

Mein Leben ist verdammt in Ordnung.

Du bist nicht allein!
38

Allein zu leben, ist nicht zwangsläufig ein elendes Schicksal. Manche Menschen treffen ganz bewusst die Entscheidung, nicht in einer traditionellen Liebesbeziehung zu leben. Unsere Gesellschaft hält einen vorgefertigten Satz an Normen dafür bereit, wie ein ideales Leben aussehen kann. Deswegen ernten Menschen, die sich für ein Leben allein entschieden haben, oft Betroffenheit und Mitleid – und das völlig ohne Grund!

Nicht jeder muss mit anderen einen Haushalt teilen. Es ist ebenso normal, alleine einen Haushalt zu führen – frei von den unangemessenen Erwartungen Außenstehender. Das Bedürfnis nach Nähe und Sexualität kann auf unterschiedlichste Weise erfüllt werden, und das Wie ist jedem Menschen selbst überlassen.

Du bist nicht allein!
39

Unsere Kultur legt sehr viel Wert darauf, allein zurechtzukommen. Manche Leute finden es nicht männlich, sich verletzlich oder bedürftig zu zeigen. Diese Auffassung wird von Generation zu Generation weitergegeben, und so fehlt den jungen Menschen oft das Rollenmodell eines Mannes, der offen über Gefühle spricht und Hilfe annimmt. Schwierige Phasen im Leben können einen in die Einsamkeit treiben, wenn man sie ohne die Unterstützung der Menschen, die einen lieben, durchstehen muss. Da wir viele Dinge in der Jugend zum ersten Mal erleben, kann es sein, dass uns der Gedanke, allein klarkommen zu müssen, schon früh eingepflanzt wird. Wir gewöhnen uns an, die Dinge allein zu bewältigen. Das Leben muss aber kein Individualsport sein, denn es gehört zum Menschsein dazu, Gefühle zu teilen. Wir alle brauchen vertraute und verlässliche Menschen, die uns das Gefühl geben, dass wir Teil eines Teams sind.

Du bist nicht allein!
40

Der Weg des Lebens ist lang und voller Kurven und Windungen. Wir alle zeichnen unsere eigene einzigartige Wanderkarte, und die Weggefährten können wechseln. Es wird Momente in unserem Leben geben, in denen wir allein und einsam sind, und Situationen, in denen uns jeglicher Optimismus fernliegt.

In harten Zeiten sind Neugier und ein Quäntchen Hoffnung alles, was wir brauchen. Was in der Vergangenheit auch passiert ist, wir haben immer die Chance, unsere Sicht auf die Dinge zu ändern. Denk daran: Hinter der nächsten Ecke erwarten dich neue Möglichkeiten, ja vielleicht etwas Besseres, als du es dir bislang jemals hättest vorstellen können.

Andere würden das vielleicht Einsamkeit nennen.

Du bist nicht allein!
41

Geschichten über Einsiedler sind faszinierend. Warum sollte sich jemand freiwillig isolieren? Ist das Bedürfnis, sich mit anderen zu verbinden, nicht der Kern der menschlichen Natur? Ein Mensch kann allein vollkommen zufrieden sein, wenn es aus freien Stücken geschieht. Momente der Einsamkeit können eine wertvolle Erfahrung sein, die nicht das Stigma der Einsiedelei tragen muss.

Es hat nichts Seltsames an sich, wenn jemand hin und wieder allein sein will. Was könnte wertvoller sein, als einfach nur Zeit mit sich selbst und den eigenen Gedanken zu genießen?

Du bist nicht allein!
42

Nimm dir Zeit für dich selbst und dafür, das Alleinsein und die Gefühle, die es auslöst, kennenzulernen. Es ist nicht leicht, sich mit sich selbst zu konfrontieren, aber es lohnt sich, sich diese Fähigkeit anzueignen. Mit sich selbst in Verbindung zu treten, kann unangenehm und verwirrend sein, aber es ist auch eine enorme Bereicherung.

Wir können die Dinge um uns herum nicht kontrollieren, aber wir können trotzdem versuchen, unsere unmittelbare Gegenwart zu beeinflussen und uns selbst im Hier und Jetzt zu verankern. Du musst nicht unbedingt spezielle Kurse besuchen, um dich selbst auf diese Weise kennenzulernen – schon ein Augenblick in der Natur oder auf dem Sofa kann dir eine bedeutsame Erfahrung bescheren.

Du bist nicht allein!
43

Es kann passieren, dass sich deine Lebenssphäre aus diesem oder jenem Grund reduziert. Bei großen Veränderungen im Leben schrumpft das ganze Universum auf das eigene Zuhause, eine einsame kleine Insel in der Welt, zusammen. Mit Unterstützung ist es möglich, sich langsam in der neuen Situation einzurichten und damit zu beginnen, dieses Zuhause auszubauen und zu erweitern.

Es kostet Willenskraft, das eigene Leben neu zu organisieren und den Kontakt zu anderen Menschen zu suchen. Dies ist ein wichtiger Punkt in der Lebensgeschichte, der Punkt, an dem es darum geht, sich von schwierigen Erfahrungen zu erholen, Kraft zu sammeln und nach und nach auf eine neue, stabilere Lebensphase zuzusteuern.

Du bist nicht allein!
44

Nach einer langen Zeit des Alleinseins definiert man sich allmählich als Einzelgänger. Man beginnt Entscheidungen aus der Isolation heraus zu treffen, und versucht nicht länger, sich anderen anzuschließen. Falls die Einsamkeit dein ganzes Leben lang dein Wegbegleiter war, hast du dich daran gewöhnt. Schon die Vorstellung, dass du dich nicht allein um alles kümmern musst, ist dir fremd.

Allerdings brauchen wir an einem bestimmten Punkt im Leben vielleicht andere, um unsere Höhen und Tiefen zu teilen, oder wir möchten einem geliebten Menschen in einer schwierigen Situation helfen und Trost spenden. Das ist der Moment, um unsere Selbstwahrnehmung zu ändern. Wir stellen fest, dass wir Reisegefährten sind, ein wichtiger Teil im Leben von jemand anderem, und nicht nur für uns selbst da.

Du bist nicht allein!
45

Einsamkeit verzerrt unser Gespür für Verhältnisse und führt dazu, dass wir uns selbst unterschätzen. Einsame Menschen interpretieren die Signale anderer oft sogar dann als negativ, wenn sie eigentlich positiv sind. In diesem Fall kann sich ihr wahres soziales Potenzial nicht entfalten. Selbstwertgefühl lässt sich nur schwer ganz allein aufbauen. Jeder von uns braucht den anderen als Spiegel, der uns hilft, unser Selbst zu ergründen.

Unsere Gefühle sind einem permanenten Wandel unterworfen, und auch die Einsamkeit muss keine Strafe fürs Leben sein. Gestatte dir, die aufmunternden Blicke anderer Menschen wahr- und aufzunehmen. Unterstützung und Selbstmitgefühl beflügeln das geistige Wachstum jedes Menschen.

Wir brauchen einander auf unterschiedliche Art und Weise.

Du bist nicht allein!
46

Wir alle haben in unserem Leben vielfältige Rollen: Es gibt Zeiten, in denen wir andere unterstützen und ermutigen, und solche, in denen wir von jemand anderem unterstützt werden. Anderen zu helfen, erhöht die Qualität und Sinnhaftigkeit des eigenen Lebens und bietet uns gleichzeitig die Gelegenheit, Einsamkeit zu bekämpfen. Indem du anderen hilfst, kannst du dich weniger einsam fühlen.

Der Wunsch zu helfen sollte auf aufrichtiger Freundlichkeit und echtem Einfühlungsvermögen beruhen, auch wenn manchmal ein einfaches Pflichtgefühl schon ausreicht. Wenn man selbst bereits Hilfe erfahren hat, fällt es leichter, anderen mit mehr Empathie zu begegnen.

Du bist nicht allein!
47

Jeder kann – kurzzeitig oder dauerhaft – seiner körperlichen oder geistigen Fähigkeiten beraubt werden und auf die Unterstützung anderer Menschen angewiesen sein. Hilfe zu benötigen, ist möglicherweise demütigend und beschämend und verstärkt ein bereits vorhandenes Gefühl von Einsamkeit. Uns überkommt dann vielleicht das Gefühl, für andere eine Belastung zu sein, selbst wenn wir auf der rationalen Ebene durchaus begreifen, dass uns Hilfe zusteht.

Das Entscheidende ist, die eigenen Stärken und das eigene Potenzial zu erkennen. Wer andere braucht, muss sich nicht schämen, im Gegenteil: Die Fähigkeit, Hilfe und Unterstützung anzunehmen, ist eine Qualität, die uns am Leben hält.

Du bist nicht allein!
48

Scham ist im Leben eines einsamen Menschen ein nur allzu vertrauter Begleiter. Sie verstärkt die negativen Gedanken, die in unseren Köpfen kreisen, und macht uns so noch einsamer. In unserer Vorstellung ist das soziale Leben anderer Leute viel erfüllter als unser eigenes. Manch einer schämt sich womöglich und glaubt, kein wichtiger Teil des eigenen Freundeskreises zu sein und nur aus Mitleid eingeladen zu werden. Kein Mensch möchte Mitleid. Scham führt dazu, dass wir uns zurückziehen, und genau deshalb sollten wir ihr keinen Raum geben.

Ich würde all meine Follower für eine einzige echte Freundin hergeben.

Du bist nicht allein!
49

Im Zeitalter der sozialen Medien lesen viele Menschen ihren Wert und ihre Beliebtheit an der Anzahl ihrer Follower ab. Ihre Einsamkeit wird durch Quantität kompensiert statt durch Qualität.

Das Wichtigste an menschlichen Beziehungen lässt sich jedoch nicht in Zahlen messen: das innige Vertrauen und die Möglichkeit, jemandem seine Gedanken und Gefühle ohne Angst vor Peinlichkeit offenbaren zu können. Die Follower in den sozialen Medien sind nicht annähernd in der Lage, tiefe und wirklich befriedigende Beziehungen zu bieten; wahre Verbundenheit und echtes Zuhören können sie niemals ersetzen.

Du bist nicht allein!
50

Für viele von uns ist es leichter, zu etwas dazuzugehören, als allein zu sein. Die Angst vor Ausgrenzung kann uns dazu bringen, beim Umgang mit anderen in falsche Rollen zu schlüpfen, hinter denen wir uns verstecken. Jeder Mensch hat ein tiefes Bedürfnis, irgendwo dazuzugehören, und niemand ist dafür geschaffen, ganz und gar ohne jede Gemeinschaft oder ein soziales Netzwerk zu leben.

Es gibt gute und fürsorgliche Formen von Gemeinschaft, aber auch schädliche. Wenn wir uns anzupassen versuchen, indem wir uns selbst kleiner machen, wird dadurch auch unser Platz in der Welt enger. Eine gesunde Gemeinschaft erlaubt es uns, wir selbst zu sein, und gibt uns die Möglichkeit, sowohl ein Gefühl der Zugehörigkeit als auch unsere eigenen Grundwerte zu bewahren. Aufrichtigkeit macht Beziehungen besser.

Du bist nicht allein!
51

Allein lebende Menschen haben manchmal eine hohe Hemmschwelle, mit denen in Kontakt zu treten, die nicht allein sind. Es kann sich aufdringlich anfühlen, jemandem unsere Gesellschaft anzubieten. Und wir denken womöglich, dass die anderen uns nur aus Mitleid einladen.

Das beste Heilmittel gegen derartige Gefühle, die unser Selbstbild untergraben, ist, Dinge zu erleben, die unser Selbstbewusstsein stärken. Wir müssen mehr Vertrauen entwickeln, dass wir gute und gern gesehene Gäste sind und nicht nur die zweite Garde. Versuche, den anderen Leuten nicht irgendwelche imaginären Motive zu unterstellen. Wahre Freunde laden dich ein, weil sie von ganzem Herzen Zeit mit dir verbringen möchten.

Du bist nicht allein!
52

Einsame Mensch denken mitunter, sie wären viel zu verschieden und deswegen mit gutem Grund Außenseiter. Wenn wir allein sind, können sich solche Gedanken in unseren Köpfen festsetzen und uns daran hindern, die Dinge zu tun, die uns etwas bedeuten und die uns Spaß machen.

Versuche, dir darüber klar zu werden, aus welchen Gründen Menschen gern Zeit mit dir verbringen, statt dich mit kritischen Gedanken über dich selbst aufzuhalten. Indem du mehr über diese Frage nachdenkst und deinen Mut zusammennimmst, werden sich dir Gelegenheiten eröffnen, dich von deiner besten und bereicherndsten Seite zu zeigen. Du solltest nicht davon ausgehen, dass du enttäuscht werden wirst, denn kein Mensch sucht bewusst nach Enttäuschungen. Du hast so viel zu bieten.

Du bist nicht allein!
53

Ein Mensch, der sich in sein Schneckenhaus verzogen hat, sehnt sich danach, dass jemand Kontakt zu ihm aufnimmt. Wer einsam ist und sich selbst kleiner macht, als er oder sie ist, will kein großes Aufhebens um sich machen. Für solche Menschen ist es deshalb oft schwer, die Initiative zu ergreifen.

Ein unerwarteter Brief, ja selbst eine kurze Nachricht kann sie aufmuntern und den Lauf ihres Lebens positiv beeinflussen. Zu wissen, dass jemand stark genug an sie gedacht hat, um eine Nachricht zu schreiben, ist für solche Menschen vielleicht ein sanfter Anstoß, der sie aus ihrem Schneckenhaus herauslockt.

Du bist nicht allein!
54

Unsichtbarkeit ist ein typisches Merkmal von Einsamkeit. Wie stellt man fest, dass jemand einsam ist? Wie kann sie oder er die eigene Einsamkeit ans Licht bringen, ohne dass es sich erniedrigend oder schmerzlich anfühlt?

Niemand von uns ist bereits allen Menschen in seinem Leben begegnet – ständig betreten neue Figuren die Bühne. Diese Begegnungen mögen sich manchmal vielleicht überwältigend anfühlen, doch ohne ein bisschen Mut können keine neuen emotionalen Verbindungen und keine wunderbaren Gelegenheiten entstehen, sich als gesprächsfähiger und zuhörender Mensch weiterzuentwickeln.

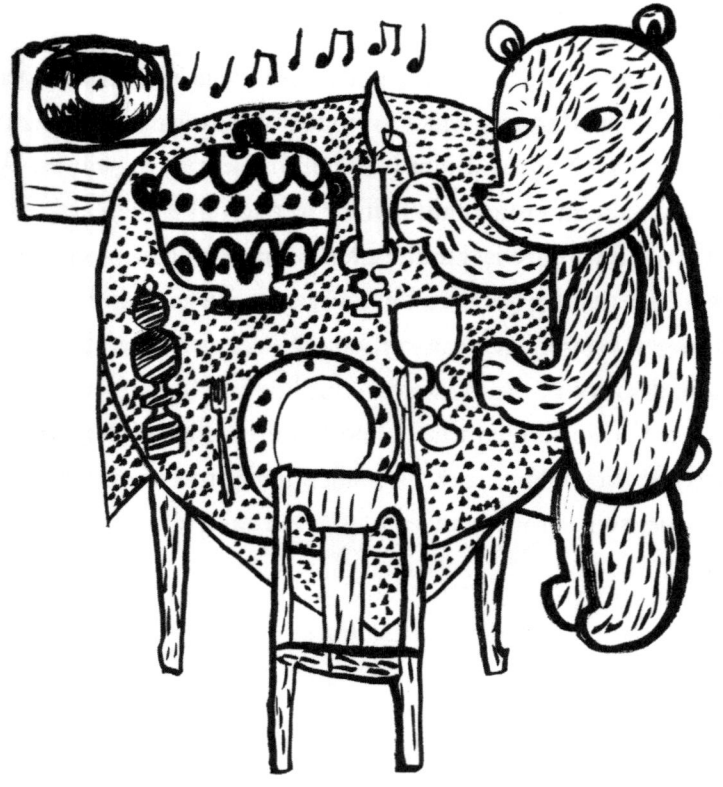

Du bist nicht allein!
55

Wer allein lebt, kann leicht in eine Art geistiger Askese verfallen, bei der er sich selbst wenig gönnt und die guten und wertvollen Dinge für andere aufhebt. Diese Sichtweise führt jedoch dazu, dass man sich immer nur „eines Tages" sagt statt „heute". Wieso sollten wir alle guten Dinge nur für andere aufsparen? Ist nicht jeder Tag Grund genug für eine kleine Feier, und hast du nicht auch schöne Dinge und ein bisschen Selbstfürsorge verdient?

Mitgefühl gegenüber sich selbst zeigt sich in jenen kleinen alltäglichen Dingen, die das Leben angenehmer machen. Tu dir selbst etwas Gutes – es steigert deine Fähigkeit, konstruktiv und positiv zu denken.

Du bist nicht allein!
56

Viele von uns müssen während der Weihnachtsfeiertage arbeiten. Deshalb können wir, selbst wenn wir das wollen, nicht mit unseren Liebsten zusammen sein. Doch auch wenn wir die Umstände selbst vielleicht nicht ändern können, ist es möglich, konstruktive Wege zu finden, mit dieser Herausforderung umzugehen.

Konzentriere dich beim Arbeiten auf das, was du tust, und betrachte die gemeinsame Zeit mit einem geliebten Menschen als Belohnung. Diese Vorstellung kann dir als Energiequelle dienen.

Sei dein eigener Ehrengast.

Du bist nicht allein!
57

Du musst nicht länger auf deinen Ehrengast warten – er ist längst da. Richte das Lieblingsessen und die Lieblingsgetränke deines Gastes schön an, sorge für kulturelle Eindrücke, sprich mit ihm und höre ihm aufmerksam zu. Finde lobende Worte und unterbrich oder kritisiere ihn nicht. Bewundere die Schönheit des Festmahls, das ihr gemeinsam genießt.

Dieser Ehrengast bist du selbst. Behandle dich selbst genau so, wie du einen geschätzten Gast behandeln würdest.

Du bist nicht allein!
58

Ein einsamer Mensch ist vielleicht nicht in der Lage, anderen seine Gesellschaft anzubieten. Das bedeutet aber nicht, dass er oder sie nicht gern die Familie eines Freundes oder eine Gruppe von Freunden einladen würde, um gemeinsam Weihnachten zu feiern.

Geh auf ihn zu. Übertriebenes Taktgefühl kann zu Missverständnissen und verletzten Gefühlen führen. Man muss es auch akzeptieren, wenn jemand eine Einladung höflich ablehnt: Das Allerwichtigste ist jedenfalls, eine Verbindung herzustellen.

Du bist nicht allein!
59

Familien mit nur einem Elternteil werden immer verbreiteter. Auch wenn du dich aus freien Stücken dafür entschieden hast, alleinerziehend zu sein, kommt in manchen Momenten womöglich eine gewisse Einsamkeit auf. Hin und wieder sehnen sich Alleinerziehende nach jemandem, mit dem sie bestimmte Augenblicke teilen können.

Auch mit einem funktionierenden Auffangnetz gibt es Momente, über die du gern mit jemandem sprechen oder die du gern mit jemandem teilen würdest. Es ist möglich, dein soziales Netzwerk zu verstärken, und es gibt keinen Grund, glückliche Momente zu verbergen: Mach den Leuten, die dich unterstützen, zum Beispiel eine Freude, indem du ihnen Bilder schickst!

Du bist nicht allein!
60

Elternsein ist wunderbar und befriedigend, bringt aber auch viele widersprüchliche Gefühle mit sich. Auch wenn du dein Kind von ganzem Herzen liebst, kannst du dich vom Rest der Welt isoliert und einsam fühlen. Am Anfang stellt eine Elternschaft eine vorübergehende Distanz zu anderen Beziehungen her. Für ein Kind zu sorgen, ist eine allumfassende Aufgabe, weil man von Liebe, Verantwortung und Sorge durchdrungen ist. Für andere Dinge im Leben bleibt da oft kein Platz, keine Zeit und keine Kraft mehr.

Vergiss nicht, dass es vollkommen natürlich und absolut erlaubt ist, alle möglichen Gefühle zu verspüren. Zögere nicht, die Menschen, die dir nahestehen, um Hilfe und Unterstützung zu bitten, falls du dich überfordert fühlst. Achte gut auf dich selbst und setze so dem Gefühl von Vereinsamung etwas entgegen.

Du bist nicht allein!
61

Auch in einer Liebesbeziehung kann man sich einsam fühlen. Einsamkeit in der Gesellschaft eines anderen Menschen ist auf emotionaler Ebene besonders schmerzlich. Ohne Verbindung zu der oder dem anderen fühlt man sich unsichtbar und ungehört – und die Distanz wird mit der Zeit immer größer. Wenn man ansonsten einen geschäftigen Alltag hat, wird man nicht unbedingt dazu gezwungen, über seine Einsamkeit nachzudenken – was auch der Grund dafür ist, dass so manche gemeinsamen Wochenenden oder Reisen zu einer qualvollen Erfahrung werden.

Es liegt in der Verantwortung beider Partner, das Initiative zu ergreifen und die eigenen Gefühle in Worte zu fassen. Das Schlimmste, was einer Beziehung passieren kann, ist nicht zu reden, weil es die Distanz so lange weiter verhärtet, bis sie zu einem festen Bestandteil der Beziehung wird.

Du bist nicht allein!
62

In Beziehungen ist es nicht selbstverständlich, dass wir einander verstehen. Es kommt zwangsläufig zu Situationen, in denen sich die beiden Partner emotional nicht nahekommen können. In einer problematischen Situation möchte die eine Person ihr Augenmerk vielleicht darauf richten, eine Lösung zu finden, während die andere gern über ihre Gefühle reden würde.

Aufrichtiges Interesse erzeugt die Fähigkeit, sich auf die Wellenlänge des anderen einzulassen. Wer eine Beziehung als wertvoll betrachtet, ist bereit, etwas dafür zu tun. Das ist eine Fähigkeit, die du durch Übung verbessern kannst – es braucht dazu nichts weiter als guten Willen, Feingefühl und Geduld.

Du bist nicht allein!
63

Freundschaft kennt keine Distanz. Enge Freundschaften können über die ganze Welt verteilt sein. Das Reisen ist in Zeiten der Pandemie schwierig oder sogar unmöglich, weshalb wir neue Formen der Begegnung finden müssen.

Es gibt nach wie vor viele Möglichkeiten, um den Kontakt aufrechtzuerhalten und sich umeinander zu kümmern. Andere Formen von sozialem Austausch können den Mangel an Körperkontakt abmildern. Es kann schon reichen, die Stimme des anderen zu hören und sich zu sehen, um die Sehnsucht nach Nähe und Verbundenheit zu lindern.

Du bist nicht allein!
64

Als Erwachsene kommen wir irgendwann an einen Punkt, an dem sich unser soziales Umfeld und unsere Freundschaften drastisch zu wandeln scheinen. Langsam, aber sicher finden immer weniger Partys statt, und die Leute verbringen immer mehr Zeit mit ihren Partnern. Am Ende gründen einige von ihnen Familien. All das kann bei den Menschen, die keine Familie haben, ein Gefühl der Isolation aufkommen lassen.

Versuche, dir vor Augen zu führen, dass es in Freundschaften unterschiedliche Phasen gibt und unsere Welten sich manchmal für eine Zeit voneinander entfernen. Aber auch diejenigen mit Familie brauchen Freunde außerhalb ihrer kleinen Blase. Irgendwann wird wieder mehr Zeit und Raum für Freundschaft sein.

Ihr richtet mich wieder auf.

Du bist nicht allein!
65

Eine Trennung ist eine gewaltige Veränderung und ein enormer Stressfaktor. Wer mitten in einer Trennung steckt, kann große Einsamkeit verspüren und muss seine Identität teilweise neu zusammensetzen. Dabei verändern sich zwangsläufig auch Teile unseres sozialen Netzwerks, da gemeinsame Freundschaften und Beziehungen neu definiert werden.

Während der Unsicherheit einer Trennung ist die Bedeutung von Freunden beträchtlich. Freunde schenken Hoffnung, dass das Leben weitergeht, und helfen denen, die an sich selbst zweifeln, ihre eigenen Stärken zu sehen. Freundschaften, die auf einer wirklich soliden Grundlage beruhen, halten auch Krisen stand.

Du bist nicht allein!
66

Optimisten gehen das Leben geduldig an und glauben, dass sie bereits auf dem Weg sind, die richtigen Menschen zu treffen. Und tatsächlich kommt es zu Begegnungen dann, wenn man die nötige Hoffnung und Willenskraft aufbringt und an sich selbst glaubt. Indem du aufgeschlossen bleibst, kannst du mehr Gelegenheiten erkennen und besser auf die Begegnungen vorbereitet sein, die das Leben scheinbar zufällig mit sich bringt und die sich letztlich als wichtig erweisen. Lass dich vom Leben zu den guten Dingen tragen und steure bei Bedarf etwas mit.

Du bist nicht allein!
67

Immer mehr Menschen empfinden Einsamkeit. Manche von uns hat sie das ganze Leben lang begleitet, für andere ist sie nur ein vorübergehender Zustand. Während wir auf körperlicher Ebene immer näher beieinanderleben, entfernen wir uns auf mentaler Ebene immer weiter voneinander.

Es wird betont, wie wichtig es ist, allein zurechtzukommen – auf Kosten der Bedeutung von Verbundenheit. Darüber hinaus gibt es Situationen (wie Krankheiten oder Geschäftsreisen), in denen wir nicht so viel Kontakt mit anderen haben können, wie wir gern hätten. Aber selbst wenn Einsamkeit in deinem Leben gerade eine wichtige Rolle spielt: Es gibt immer eine Chance auf neue Begegnungen. Wie könnte es uns gelingen, mehr einsame Wege zusammenführen?

Du bist nicht allein!
68

Viele Menschen feiern Weihnachten allein – ob freiwillig oder durch die Umstände diktiert. Wenn du allein zurückbleibst, denk daran, dass du nicht der einzige Mensch auf der Welt bist, dem es so geht.

Wahrscheinlich gibt es auf der anderen Seite der Wand oder eine Etage tiefer jemanden in einer ähnlichen Situation. Bring den Mut auf, einen unbekannten Menschen anzusprechen, und du wirst nicht nur dir, sondern auch einer anderen einsamen Seele die allein verbrachten Feiertage verschönern.

Wieso gehen mir alle aus dem Weg?

Du bist nicht allein!
69

Obwohl psychische Erkrankungen heute viel offener diskutiert werden als früher, gibt es weiterhin jede Menge Vorurteile. Viele Leute meiden andere mit psychischen Problemen, weil es ihnen an Informationen dazu mangelt. Psychische Probleme und Einsamkeit bedingen sich oft gegenseitig, weil Einsamkeit das geistige Wohl vor große Herausforderungen stellt.

Es ist die Pflicht eines jeden, darüber nachzudenken, wie seine Haltung und seine Reaktionen auf die psychischen Probleme eines geliebten Menschen in der Praxis ausfallen. Oft kann schon ein anerkennender Blick ausreichen. Es ist äußerst wichtig, diskriminierendes Verhalten zu thematisieren.

Jeder von uns ist manchmal allein unterwegs.

Du bist nicht allein!
70

Es gibt Zeiten, in denen wir vorübergehend Einsamkeit erleben. Eine Lebensphase geht zu Ende, und die Menschen um uns herum ziehen weiter und werden durch neue ersetzt.

Phasen der Einsamkeit sind Teil des Menschseins. Dabei hängt die Frage, wie gut wir darauf vorbereitet sind, allein durchs Leben zu gehen, von unseren bisherigen Lebenserfahrungen ab. Vergangene Erfahrungen mit dem Alleinsein bereiten uns darauf vor, mit neuen Momenten des Alleinseins zurechtzukommen.

Du bist nicht allein!
71

Einsamkeit kann sich hinter den verschiedensten Rollen und Aktivitäten verbergen. Wer sich für die eigene Einsamkeit schämt, versucht oft, sie mit allen Mitteln zu kaschieren. Entgegen der landläufigen Meinung schließen sich einsame Menschen nicht unbedingt zu Hause ein – ganz im Gegenteil: Manche von ihnen haben einen sehr aktiven Lebensstil.

Würdest du zum Beispiel merken, wenn jemand im Fitnessstudio für sich allein trainiert, und auf sie oder ihn zugehen? Ein Schwätzchen oder ein Übungstipp können ein vielversprechender Auftakt zu etwas Neuem sein.

Du bist nicht allein!
72

Falls du in der Schule gemobbt wurdest oder das Gefühl hattest, ausgegrenzt zu werden, fühlst du dich vielleicht auch im Erwachsenenalter einsam und unsicher. Negative Erfahrungen aus der Vergangenheit können in ähnlichen Situationen später im Leben wieder auftauchen.

Denk immer daran, dass du deiner Vergangenheit aber nicht ausgeliefert bist, sondern als dein neues, gegenwärtiges Selbst Dinge tun und sagen kannst. Wir alle verändern uns jeden Tag ein bisschen und haben auch das Recht, diese Veränderung in eine Richtung zu lenken, die uns gefällt. Wenn du deine eigenen Gedanken aus verschiedenen Blickwinkeln betrachtest, kannst du feststellen, welche davon veraltet sind und nicht mehr der Realität entsprechen.

Du bist nicht allein!
73

Viele Menschen kennen die „Wolfsstunde" gut. Sie können nicht einschlafen oder werden immer wieder wach, und düstere Gedanken schleichen sich ein. Die müde Sichtweise der Nacht auf die Welt ist weit weniger beruhigend als am Tage. Morgens sieht dagegen alles oft schon wieder viel freundlicher aus. In der Wolfsstunde, wenn die anderen schlafen und es niemanden gibt, dem man seine Gedanken mitteilen – und der sie relativieren – kann, wird die Einsamkeit stärker.

Lass dich nicht zu sehr von deinen nächtlichen Gedanken einnehmen und beschäftige dich lieber mit etwas anderem: Lies ein Buch oder höre beruhigende Musik. Und denk daran, dass dieser Moment vorübergeht: Am Morgen wirst du die nötige Energie haben, um die Dinge wieder positiver zu sehen.

Nichts wünsche ich mir mehr, als all das mit jemandem zu teilen.

Du bist nicht allein!
74

Weihnachten ist eine Zeit, in der die Bedeutung des Zusammenseins zelebriert wird. Für eine Weile lassen wir den Druck des Arbeitslebens hinter uns.

Ein allein verbrachtes Weihnachtsfest kann eine gute Gelegenheit sein, darüber nachzudenken, ob du gerade ein Leben führst, das im Einklang mit deinen Werten steht, oder ob du dich auf Kosten von sozialen Beziehungen zu sehr auf deine Leistungen konzentrierst. Schließlich liegt der wahre Sinn des Lebens in immateriellen Dingen – Beziehungen, Liebe und gegenseitiger Fürsorge.

Du bist nicht allein!
75

Wenn du aus diesem oder jenem Grund letztlich doch allein dastehst, versuche, kreativ zu sein und die dir zur Verfügung stehenden Möglichkeiten zu nutzen, um das Beste aus deiner Situation zu machen. Veranstalte virtuelle Partys, bei denen du Freunde aus aller Welt zusammenbringst. Schon so eine kleine positive Maßnahme trägt dazu bei, das Gefühl der Einsamkeit zu bekämpfen.

Du bist nicht allein!
76

Gesundheitliche Probleme oder Krankheit können in uns allen urplötzlich das Gefühl von Einsamkeit wecken. Im Krankheitsfall sind wir viel bedürftiger als in gesundem Zustand. Wir brauchen mehr Fürsorge, mehr Trost und mehr Hilfe, um die Hoffnung zu wahren. Es ist nicht immer leicht, diese Bedürfnisse anderen Menschen gegenüber auszudrücken, was das Gefühl von Einsamkeit erhöht. Manchen Menschen mag es schwerfallen, mit einer kranken Freundin oder einem geliebten Menschen, der krank ist, umzugehen.

Diese Furcht kann auf eine gewisse Unwissenheit oder die Sorge um die eigene Gesundheit zurückzuführen sein. Es gibt verschiedene Wege, die Einsamkeit im Krankenbett zu mildern. Oft sind es schon sehr kleine Dinge – wie ein Brief oder eine kurze Nachricht –, die genesenden Menschen viel bedeuten.

Du bist nicht allein!
77

Man kann sich auch am Arbeitsplatz und im Kreis der Kollegen allein fühlen. Wenn wir den Eindruck haben, dass wir und unsere Meinungen auf taube Ohren stoßen oder dass schwierige Themen ausgespart werden, empfinden wir mitunter nicht nur völlige Einsamkeit, sondern es stauen sich auch Gefühle von Wut und Ungerechtigkeit auf. Bei Konkurrenzkämpfen unter Erwachsenen kann der Versuch, jemanden zu isolieren oder ihn glauben zu lassen, allein dazustehen, ein Machtinstrument und sogar eine Form von Mobbing sein. So etwas darf nicht geduldet werden, und alle in der Belegschaft sind dafür verantwortlich, es zu merken und einzuschreiten. Die ausgegrenzte Person braucht nicht nur jede Unterstützung, sondern auch offene und ehrliche Gespräche über die Situation. Wenn es um Mobbing geht, ist Schweigen eine Form von passiver Duldung.

Du bist nicht allein!
78

Sind fiktive Charaktere echte Freunde? Wenn man im Leben niemanden hat, mit dem man seine Gefühle teilen kann, können die Figuren in Computerspielen oder Filmen erstaunlich wichtig werden.

Ein Leben ganz ohne imaginäre Welten und ohne imaginäre Gefährten wäre sehr einsam. Der menschliche Geist findet kreative Lösungen, um sich selbst zu schützen. Wir alle haben unsere eigene Fantasiewelt, und deren Bedeutung sollte weder infrage gestellt noch unterschätzt werden. Stattdessen brauchen wir einen respektvollen und einfühlsamen Umgang damit.

Was würdest du zu jemandem sagen, der einsam ist?

Du bist nicht allein!
79

Wenn du merkst, dass ein geliebter Mensch einsam wirkt, zögere nicht, ihn anzusprechen und zu fragen, wie es ihm geht. Zu oft schweigen wir aus falsch verstandener Diskretion. Begegne einem einsamen Menschen höflich, ohne Mitleid und ohne ihn zu bemuttern oder übertrieben zu ermutigen. Verlange nicht von ihm, sich einfach mal zusammenzureißen oder aktiver zu sein.

Ein einsamer Mensch weiß aus rationaler Sicht oft sehr gut, was er tun sollte. Versuche, dich in seine Lage zu versetzen: Was würdest du tun, wenn du genauso gefangen wärst? Hilf ihm in seinem eigenen Tempo und auf seine eigene Art und Weise. Gib ihm Raum, selbst zu definieren, was er sich wünscht und erhofft. Bring Ideen und Vorschläge ein, aber zwinge ihm keine vorgefertigten Lösungen auf. Vor allem aber: Höre ihm wirklich zu.

Du bist nicht allein!
80

Genügend Selbstwertgefühl und Eigenliebe zu besitzen, sind wichtige Eigenschaften. Konzentriere dich auf die eigenen Stärken statt auf die eigenen Unzulänglichkeiten. Und auch wenn du viel Zeit mit dir allein verbringst, heißt das lange nicht, dass du in Beziehungen zu anderen Menschen nichts zu bieten hättest. Vielleicht steckst du nur vorübergehend in dieser Situation.

Rede mit dir selbst wie mit deinem besten Freund – das ist ein guter Anfang. Sei dir selbst der Freund, den du in jemand anderem suchst.

Du bist nicht allein!
81

Die Vergangenheit fühlt sich wie eine Last an, wenn sich in deiner Kindheit und Jugend niemand wirklich für dich interessiert und dich niemand dazu ermutigt hat, über deine Gefühle zu sprechen. Das Erleben von Einsamkeit in der eigenen Familie führt dazu, dass man mit dem aufrichtigen Interesse anderer Menschen nicht wirklich umzugehen weiß und dass man sich in erwachsenen Beziehungen ausgeschlossen fühlt.

Wann immer wir Menschen treffen, ist es wichtig, unser Interesse zu zeigen und wirklich anwesend zu sein. Es ist nie zu spät für die positive und heilsame Erfahrung, gesehen und gehört zu werden.

Du bist nicht allein!
82

Einsamkeit kann zu schweren psychischen Problemen wie Depressionen, Angst und selbstzerstörerischem Verhalten führen. Die Vorstellungswelt eines Menschen, der unter Angst und Alleinsein leidet, ist oft sehr düster und unglaublich einsam. In Momenten tiefster Dunkelheit scheint es, dass keine rettende Verbindung zu irgendeinem anderen Menschen in Sicht ist.

Manche Menschen verfügen nicht über die geeigneten Ausdrucksmöglichkeiten und vor allem nicht die Gelegenheit, ihren Schmerz und ihre Qual zu offenbaren – und die anderen übersehen leicht die Warnsignale. Auch wenn es Mut erfordert: Schalte dich ein und erkundige dich nach selbstzerstörerischen Gedanken. Wenn man sich aktiv um jemanden kümmert, kann das entschieden etwas bewirken.

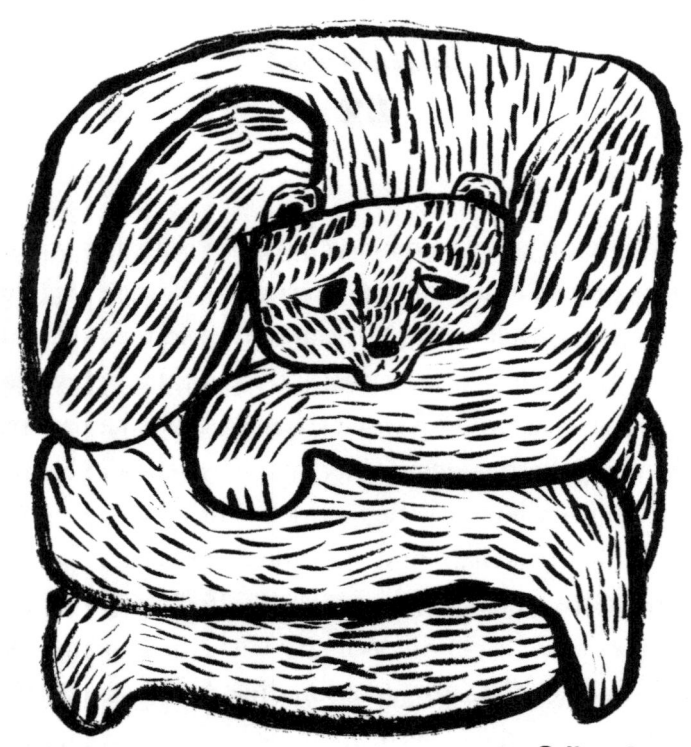

Du bist nicht allein!
83

Einsamkeit ist eine subjektive Erfahrung. Deshalb kann niemand voll und ganz nachempfinden, wie sie sich für jemand anderen anfühlt. Wer allein ist, hat viel zu viel Zeit, an sich selbst herumzumäkeln und sich immer tiefer im dunklen Loch der Selbstvorwürfe zu vergraben. Kreisen die Gedanken ständig um die eigene Unzulänglichkeit, wirkt das zerstörerisch auf unser Selbstvertrauen.

Unser Erfindungsreichtum und unser Geschick sind viel größer, als wir glauben. Versuche, dich sanft, aber bestimmt dazu zu bringen, über deine größten Vorzüge nachzudenken und zu erkennen, was genau du zu Beziehungen beitragen kannst. Ein guter Anfang ist, selbst zu seinem ersten neuen Freund zu werden.

Du bist nicht allein!
84

Bei einsamen Menschen hat sich die Wahrnehmung der Welt verengt. Man sieht nur eine begrenzte Version seiner selbst, während andere fern und unerreichbar scheinen. Aus dem Inneren der eigenen kleinen Blase heraus sind mögliche neue Beziehungen nur schwer zu erkennen, selbst wenn sie sich in greifbarer Nähe befinden. Die eigene Situation und das große Ganze zu sehen, fällt einsamen Menschen oft schwer.

Wenn du das Gefühl hast, dass du eine allzu enge Rolle spielst, bring den Mut auf, deine Umgebung zu erkunden. Wo stehst du jetzt? Was würdest du in einer anderen Situation tun?

Du bist nicht allein!
85

Einsame nehmen die Welt manchmal ganz anders wahr als andere Menschen. So empfinden sie es vielleicht als anstrengend einzukaufen, während andere darin eine Gelegenheit für soziale Kontakte sehen. Derartige Situationen können sich aufgrund ihrer sozialen Natur quälend anfühlen und werden bisweilen sogar vermieden.

Statt dir auszumalen, welche Gefahren dich erwarten könnten, versuche, dich an all die Momente zu erinnern, in denen nichts Schlimmes passiert ist, obwohl du mit dem Schlimmsten gerechnet hattest. Wecke die dir angeborene Neugier für die Welt, damit es dir möglich ist, all die schönen Dinge zu entdecken, die sie für dich bereithält. Jeder Tag kann ein Abenteuer sein, aber im positiven Sinne: voller faszinierender Möglichkeiten, nicht voller Gefahren.

Du bist nicht allein!
86

Manchmal fühlen wir uns übergangen und meinen, dass wir unseren Freunden zur Last fallen. Wenn immer nur du die Initiative ergreifst und die andere Person sich nicht so oft zurückmeldet, wie du es gern hättest, kommst du möglicherweise viel seltener ins Gespräch, als du es brauchst. So etwas zur Sprache zu bringen, kann schwierig sein: Was wird sie oder er denken? Wie können wir darauf vertrauen, dass unsere Freunde ernsthaft Zeit mit uns verbringen wollen und dass sie unsere Reaktionen annehmen?

Jede Beziehung hat ihre eigenen Fallstricke, und oft verheddern wir uns so sehr in einer Krise, dass es das Ende der Freundschaft bedeutet. Die andere Option ist, miteinander zu reden. Wenn du die Dinge in einer konstruktiven Art und Weise anbringst und verständnisvoll zuhörst, können solche Krisen der Auftakt zu etwas Neuem und Besserem sein.

Du bist nicht allein!
87

Wie schaffen wir es, aktiv zu werden und etwas Neues anzufangen, wenn unsere bisherigen Bemühungen keine Früchte getragen haben? Selbst kleine positive Erlebnisse machen Mut. Positive Erfahrungen tragen dazu bei, dass einsame Menschen sich wieder trauen, die Initiative zu ergreifen, und so eine Kettenreaktion guter Dinge in Gang setzen.

Um Mut zu schöpfen, ist es wichtig, sich eine positive Vorstellung von einer besseren Zukunft zu bewahren. Warum sollte dir nichts Gutes widerfahren? Fang einfach irgendwo an, und du wirst die Erfahrung machen, dass du an deiner Situation etwas ändern kannst.

Du bist nicht allein!
88

Wenn das eigene soziale Leben noch im Begriff ist, sich zu entfalten, lenkt die Sehnsucht nach neuen Beziehungen unsere Entscheidungen. Die Zuversicht, dass du noch immer eine sinnstiftende Beziehung finden wirst, hält dich aufrecht und gibt dir den Mut, trotz möglicher Entmutigungen weiterzumachen.

Ehrlich zu sich selbst zu sein, die eigenen Gefühle zu akzeptieren und mit Problemen umzugehen, schafft gute Voraussetzungen für Hoffnung. Am Ende musst du einfach daran glauben, dass alles zu etwas Gutem führen wird.

Kurze Therapien für Menschen im fortgeschrittenen Alter

Du bist nicht allein!
89

Manchmal müssen wir einen Gang zurückschalten. Egal, ob du aufgrund von äußeren Umständen oder aus eigenem Antrieb mehr Freizeit hast, mach dir Gedanken, wie du sie am besten nutzen kannst. Wie wäre es, die eigenen Gedanken und Gefühle zu Papier zu bringen? Besorg dir verschiedene Notizbücher und mach eines zu deinem Tagebuch, ein anderes zu einem Kummerkasten, das dritte zu einem Dankbarkeitsbuch und schreib im vierten über deine Träume und Ziele.

Verfass einen fiktiven Brief an dich selbst, dein früheres oder zukünftiges Ich. Schreib einen Trostbrief für die Momente, wenn deine Angst am größten ist. Verfass einen Brief an eine andere Person, ob lebendig oder verstorben. Wem würdest du gern etwas mitteilen, traust dich aber nicht? Gedanken werden klarer, wenn man sie zu Papier bringt oder am Bildschirm eintippt.

Du bist nicht allein!
90

Auch ältere Menschen sind auf der Suche nach neuen Erfahrungen und Erlebnissen in ihrem Leben. Da sind immer noch viele Hoffnungen und Bedürfnisse und jede Menge Vitalität. Die Energie kann auf mehr als das Stricken von Socken verwendet werden: Träume sind dazu da, erfüllt zu werden. Das Leben ist noch lange nicht ausgelebt, und ältere Menschen müssen sich nicht in die enge Rolle fügen, die man ihnen zuschreibt.

Unsere Vorstellungen davon, was für ältere Menschen angemessen ist, sind oft sehr stereotyp, und dem eigenen Willen Ausdruck zu verleihen, ist nicht immer ganz leicht. Wir alle haben eine Menge ungenutztes Potenzial – unabhängig von unserem Alter und Zustand.

Öffne der Freude Augen und Ohren.

Du bist nicht allein!
91

Selbst wenn du durch dein Alter oder deine Gesundheit darin eingeschränkt bist, die Dinge zu tun, die du früher getan hast: Als Zuschauerin oder Zuhörer kannst du noch immer an ihnen teilhaben. Eine solche Teilnahme kann unsere eigenen Erinnerungen und Erfahrungen wecken.

Die Gerüche und Geräusche eines Vergnügungsparks bringen vielleicht etwas Schönes, lang Vergessenes zurück. Es gibt verschiedene Möglichkeiten, die Freude der Menschen um einen herum zu fühlen, die Fröhlichkeit der anderen zu spüren und die Essenz der Freude mit allen Sinnen in sich aufzunehmen. Und was spricht eigentlich dagegen, noch einmal in die Achterbahn zu steigen?

Du bist nicht allein!
92

Alten- und Pflegeheime beherbergen Menschen unterschiedlichster Herkunft. Wenn ein selbstständiges Leben nicht mehr möglich ist, bietet das betreute Wohnen medizinische Versorgung und Verpflegung. Darüber hinaus hofft man aber auch auf Gesellschaft und ein soziales Leben.

Das passiert jedoch nicht immer, und womöglich gestaltet sich das Sozialleben nicht so, wie man es sich vorgestellt hat. Das Gefühl von Einsamkeit verstärkt sich, wenn andere Bewohnerinnen und Bewohner von ihren Familien und Angehörigen besucht werden, man selbst aber nicht. Daher ist es wichtig, dass geeignete und abwechslungsreiche Aktivitäten für die Heimbewohner zum Angebot dazugehören. Die sozialen Bedürfnisse und Wünsche alter Menschen sind immer individuell.

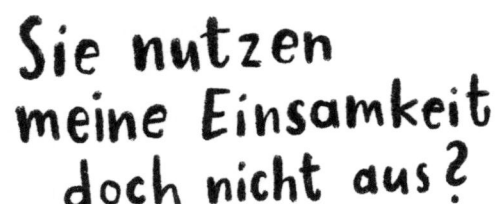

Du bist nicht allein!
93

Leider passiert es oft, dass alleinlebende ältere Menschen getäuscht werden. Wer von der Hilfe anderer Menschen abhängig ist, kann falsche Freundlichkeit nicht unbedingt durchschauen. Moderne Apps und Technologien machen neue, üble Formen des Schwindels möglich, durch die unbedarfte Anwender skrupellos ausgenutzt werden können. Opfer eines Betrugs zu werden ist für jeden Menschen beschämend.

Könntest du einer älteren Person in unbekannten und verwirrenden Situationen mit Rat und Tat zur Seite stehen? Durch das Teilen von Informationen steigt das Sicherheitsgefühl.

Du bist nicht allein!
94

Wie wenig denken wir über Berührung nach, bevor sie uns fehlt! Wie oft reduzieren wir Berührung auf etwas Romantisches oder Sexuelles, dabei gibt es doch so viele Formen der Berührung: eine tröstende Umarmung, einen ermutigenden Klaps auf die Schulter, ein freudiges Händeschütteln …

Wenn es unter dem eigenen Dach niemanden mehr gibt, mit dem man plaudern, den man umarmen oder dessen Hand man halten kann, rücken tägliche Berührungen in die Ferne. Für einsame Menschen sind Berührungen enorm wichtig, und ihr Fehlen verstärkt das Gefühl von Isolation. Eine Möglichkeit, diesem Mangel entgegenzuwirken, ist, die Erinnerung an schöne Augenblicke der Berührung durch Filme oder Musik aufleben zu lassen.

Du bist nicht allein!
95

Der Wunsch nach Verbundenheit lässt niemals nach. Auch im Alter, einem Lebensabschnitt, der unweigerlich zu Veränderungen der körperlichen Funktionsfähigkeit führt, nimmt er nicht ab. Vielleicht kommst du in Situationen, in denen dir Bewegung schwerfällt und eine aktive Teilnahme an Freizeitaktivitäten oder ein Treffen mit den Liebsten schwieriger ist als früher.

Vielleicht trifft dich das Gefühl der Einsamkeit und Isolation überraschend. Geh trotzdem los und begegne anderen Leuten, auch wenn es dir einiges an mentaler Stärke abverlangt, dich zu bewegen. Geglückte Begegnungen geben lange Zeit positive Energie, und das Gefühl, zu etwas fähig zu sein, wirkt der Apathie entgegen.

Du bist nicht allein!
96

Ein hohes Alter wird mit Rückzug und einer kleiner werdenden Lebenssphäre in Verbindung gebracht. Wir können anfangen, an dieses restriktive Bild von uns selbst zu glauben, das andere geschaffen haben. Doch Mut kennt keine Altersbeschränkung.

Es lohnt sich immer, neue Erfahrungen zu sammeln, und es ist auch spät im Leben noch möglich, Neues zu lernen. Etwas zu tun, auf das du stolz sein und von dem du anderen erzählen kannst, ist ein beflügelndes Erlebnis. Und falls dir deine Komfortzone zu eng wird, wag den Sprung nach draußen.

Du bist nicht allein!
97

Offenheit lohnt sich. Betrachte jeden Tag als Chance für etwas Aufregendes und heiße neue Menschen unvoreingenommen in deinem Leben willkommen. Eine neugierige Grundhaltung hebt die Stimmung und bewirkt, dass du dich auf den nächsten Tag freust. Oder glaubst du etwa, dass Spontaneität nur ein Privileg der Jugend ist?

Setz ein kühnes Zeichen und überrasch dich selbst, denn wichtige Ereignisse im Leben sind oft das Ergebnis von purem Zufall. Wenn du den Moment ergreifst, packst du das Ende eines Fadens, der zu mehr Freude führt.

Du bist nicht allein!
98

In deinem Leben kann eine Zeit kommen, in der der Platz neben dir leer ist. Dein verstorbener Partner oder deine Partnerin ist in deinem Alltag nicht mehr physisch präsent, doch die Erinnerungen an ihn oder sie bleiben in allen möglichen Details erhalten, zum Beispiel in einer Kuhle auf dem Sofa.

Auch wenn du allein bist, gehen die guten Erinnerungen nicht verloren: Wir tragen sie in uns, und sie spenden uns Trost und Kraft. Wenn wir uns erinnern, verlieren wir den anderen Menschen nie endgültig. Erinnerungen werden oft von Traurigkeit und Sehnsucht, aber auch von Dankbarkeit begleitet.

Du bist nicht allein!
99

Ein Moment des Alleinseins führt einem vor Augen, wie wichtig die Partnerin oder der Partner ist. Wenn die vertraute Geräuschkulisse plötzlich verstummt, beginnen wir, die Alltagsgeräusche des geliebten Menschen zu vermissen. Alltägliche Dinge kommen uns bedeutungslos vor, bis sie plötzlich aus unserem Leben verschwinden.

Der vertraute Alltag ist für uns normalerweise unsichtbar. Wenn der oder die Liebste zum Beispiel für eine Zeit im Krankenhaus liegt, erhalten vertraute Routinen die heimelige Atmosphäre lebendig und erinnern uns an das gemeinsame Leben, das uns bald wieder erwartet – und das man dann umso mehr lieben und schätzen wird.

Du bist nicht allein!
100

Wasser und die Natur nähren Geist und Körper. Wasser ist ein sicheres Element für ältere Menschen und trägt zu ihrem Wohlbefinden bei; die Bewegung in der Natur beruhigt den Geist und lindert Stressgefühle.

Unsere Erinnerungen und Gedankenbilder haben oft einen Bezug zur Natur, weil ihre Zeitlosigkeit und der Zyklus der Jahreszeiten dem Leben eine tröstliche Perspektive verleihen. Ist es wirklich Jahrzehnte her, dass du als Kind schwimmen gelernt hast? Und wie gut sich Schwimmen noch immer anfühlt! Die Natur bietet Raum für eine belebende Begegnung mit dir selbst.

Die Illustrationen in diesem Buch sind das Resultat der Zusammenarbeit von Antti Ervasti und Matti Pikkujämsä, die unter dem Namen *CupOfTherapy* psychotherapeutische Expertise und künstlerische Fähigkeit miteinander verbinden, um auf diese Weise menschliche Erfahrungen einzufangen und aufs Papier zu bringen. Gemeinsam besprechen sie die Geschehnisse des Tages, aktuelle Phänomene und ihre eigenen Erfahrungen, während Matti die ganze Zeit über Tierfiguren skizziert. Die Themen und das Resultat ihrer Gespräche werden auf interaktive und liebevolle Weise in *CupOfTherapy*-Illustrationen verwandelt.

„Diese Arbeitsweise fühlt sich für uns spontan, natürlich und organisch an. Wir haben viele Rückmeldungen dazu erhalten, wie positiv sich die *CupOfTherapy*-Texte und -Illustrationen auf die psychische Gesundheit und das geistige Wohlbefinden der Menschen auswirken, sogar weltweit. Wir hoffen, dass unsere Illustrationen leicht zugänglich sind, unseren Leserinnen und Lesern Trost spenden, Ermutigung und Verständnis bieten und darüber hinaus dazu beitragen, die mentale und psychische Welt sichtbarer zu machen."

Über die Autoren

Antti Ervasti, geboren 1975, praktiziert als Psychotherapeut in seiner eigenen Praxis in Helsinki, wo er Einzel-, Paar- und Familientherapien anbietet. Seine Fachkompetenz erstreckt sich auf die unterschiedlichsten Themen im Bereich der psychischen Gesundheit und des seelischen Wohlbefindens. Ervasti hat im In- und Ausland gearbeitet, Vorträge und Coachings gehalten und sich international aus- und weitergebildet.

Matti Pikkujämsä, geboren 1976, ist ein renommierter Illustrator und Künstler. Er hat bisher 20 Bilderbücher veröffentlicht, illustriert für zahlreiche Magazine und arbeitet im Textildesign, u.a. für Marimekko, Kauniste, Lapuan Kankurit and Samuji. Im Jahr 2015 wurde er mit dem finnischen Staatspreis für Illustration ausgezeichnet.

Im Jahre 2017 gründeten Matti Pikkujämsä und Antti Ervasti gemeinsam mit der Psychotherapeutin *Elina Rehmonen* das Projekt *CupOfTherapy*. Alle Illustrationen basieren auf wahren Geschichten von Klienten, denen die beiden Psychotherapeuten bei ihrer Arbeit begegnet sind. Die liebenswerten Tiere in den humorvollen Illustrationen werden von klaren, einfachen Sätzen begleitet, die Mut machen und Trost spenden.

„Psychische Gesundheit in Bildern' – so lautet das Motto von *CupOfTherapy*. Die Bilder sollen Menschen dazu zu ermutigen, ihre eigenen Gefühle wahrzunehmen und zu akzeptieren. Matti Pikkujämsä und Antti Ervasti geht es darum, sich auch sensibler und schwieriger Themen anzunehmen und ein Bewusstsein für die nicht zu unterschätzende Bedeutung psychischer Gesundheit zu schaffen

Neugierig auf mehr?

Dieses herzerwärmende Buch hat eine wichtige Botschaft, die stark macht: Jeder Mensch hat Probleme – und das ist vollkommen normal. Denn jeder Mensch darf so sein, wie er ist. Ein Buch wie die Umarmung eines guten, klugen Freundes.

Antti Ervasti / Matti Pikkujämsä – Hab dich gern! 100 kurze Therapien
Hardcover, 208 Seiten, Euro 15,00 · ISBN 978-3-95614-364-9

Alle Rechte vorbehalten.
© Verlag Antje Kunstmann GmbH, München 2021
© der Illustrationen: CupOfTherapy
Dieses Werk wurde vermittelt durch die Agentur Ferly, Helsinki.
Satz und Lettering: Andreas Posselt, buero8, Wien
Druck und Bindung: Pustet, Regensburg
ISBN 978-3-95614-463-9